CONEXIONES de la ESCUELA a la CASA de ROURKE

ANTES Y DURANTE LAS ACTIVIDADES DE LECTURA

Antes de leer: *Construir los conocimientos previos y el vocabulario*

Los conocimientos previos pueden ayudar a los estudiantes a procesar nueva información y a basarse en lo que ya saben. Antes de leer un libro, es importante aprovechar lo que los estudiantes ya saben sobre el tema. Esto los ayudará a desarrollar su vocabulario y a aumentar su comprensión lectora.

Preguntas y actividades para reforzar los conocimientos previos:

1. Mira la portada del libro y lee el título. ¿De qué crees que tratará este libro?
2. ¿Qué sabes ya sobre este tema?
3. Recorre el libro y hojea las páginas. Mira el índice, las fotografías, los pies de foto y las palabras en negrita. ¿Te han dado estas características del texto alguna información o algún adelanto sobre lo que vas a leer en este libro?

Vocabulario: *El vocabulario es clave para la comprensión lectora*

Utilice las siguientes instrucciones para iniciar una conversación sobre cada palabra.

- Lee las palabras del vocabulario.
- ¿Qué se te viene a la mente cuando ves cada palabra?
- ¿Qué crees que significa cada palabra?

Palabras del vocabulario:
- *competencia*
- *crowdfunding*
- *emprendedor*
- *genética*
- *márketing*
- *plan de negocios*

Durante la lectura: *Leer para entender y comprender*

Para lograr una comprensión profunda de un libro, se anima a los estudiantes a utilizar estrategias de lectura detallada. Durante la lectura, es importante que los estudiantes hagan una pausa y creen conexiones. Estas conexiones dan lugar a un análisis y una comprensión más profundos del libro.

 ### Lectura detallada de un texto

Durante la lectura, pida a los estudiantes que hagan una pausa para hablar de los siguientes aspectos:

- Las partes confusas.
- Las palabras desconocidas.
- Las conexiones dentro del texto, entre el texto y uno mismo y entre el texto y el mundo.
- La idea principal de cada capítulo o título.

Anime a los estudiantes a utilizar pistas contextuales para determinar el significado de las palabras desconocidas. Estas estrategias ayudarán a los estudiantes a aprender a analizar el texto con más detenimiento mientras leen.

Cuando termine de leer este libro, vaya a la penúltima página, donde encontrará las **Preguntas después de la lectura** y una **Actividad**.

ÍNDICE

¿Qué es un emprendedor?...........................4

Empieza con un problema
 y una gran idea..12

Elabora un plan 20

Juego de memoria...30

Índice analítico..31

Preguntas después de la lectura.............31

Actividad...31

Sobre la autora 32

¿QUÉ ES UN EMPRENDEDOR?

¿Emprendedor? ¿Qué es eso?

Un **emprendedor** es alguien que comienza un negocio o una organización. Pero ser un emprendedor significa más que eso. Significa asumir riesgos. Significa crear algo a partir de una idea original.

Cuando los emprendedores ven problemas, proponen soluciones. Experimentan. Es posible que fracasen al principio, pero siguen intentándolo.

emprendedor: Persona que crea y gestiona un nuevo negocio y asume riesgos al hacerlo.

Algunos emprendedores se hacen ricos y famosos. Probablemente hayas oído hablar de Bill Gates, fundador de Microsoft. Otros son menos conocidos, como Steve Chen, Jawed Karim y Chad Hurley.

GRANJA DE LOMBRICES

Cuando Greta Johnson, de diez años, quiso ganar dinero, abrió La Granja de Lombrices de Greta. Criaba lombrices en recipientes en su casa. Greta vendía sus lombrices a tiendas de cebo. La gente las compraba como cebo para pescar.

Ellos fundaron YouTube. Muchos otros emprendedores dirigen pequeñas empresas, desde puestos de perros calientes hasta fábricas de juguetes y más.

Los emprendedores exitosos ganan dinero. Pero iniciar un negocio también proporciona otros beneficios. Ofrece a los clientes productos o servicios que desean. Además, los negocios contratan a personas y les dan trabajo.

Cada emprendedor persigue objetivos distintos. Ayah Bdeir quería ayudar a los jóvenes a ser inventores e ingenieros. Entonces creó pequeños bloques de construcción electrónicos a los que llamó «littleBits», que pueden usarse para hacer nuevos inventos. Luego inició un negocio para fabricarlos y venderlos. Su objetivo de animar a jóvenes ingenieros la llevó a convertirse en una emprendedora.

Cuando Miles Fetherston-Resch tenía seis años, aprendió cómo la basura plástica que hay en los océanos causa daños a los tiburones y otros animales. Miles quiso ayudar: vació su alcancía y envió el dinero a organizaciones que buscan que los océanos estén limpios. Pero no era mucho. Entonces, inició un negocio para ganar dinero. Planeaba donar sus ganancias para la conservación de los océanos.

La empresa de Miles, Kids Saving Oceans, vende productos relacionados con la preservación del medio ambiente, entre ellos, sombreros hechos con plástico reciclado del mar. Miles envía las ganancias a grupos que trabajan para salvar los océanos. Se propuso donar un millón de dólares antes de cumplir dieciocho años.

Si quieres abordar un gran problema, incluso uno oceánico, ¡ponte el sombrero de emprendedor y hazlo!

EMPIEZA CON UN PROBLEMA Y UNA GRAN IDEA

Un emprendedor ve un problema y se le ocurre una idea original para solucionarlo. ¿A qué problema te enfrentas? ¿Es que quieres ganar dinero? Ese es un buen punto de partida.

Ahora, busca un problema que tengan otras personas: algo que puedas arreglar. Piensa en tus talentos, habilidades e intereses. ¿Cómo puedes aprovecharlos? Así es como los emprendedores crean soluciones y ganancias.

Tal vez conozcas a alguien que tenga problemas para manejar su teléfono celular o computadora. ¿Tienes una habilidad especial para la tecnología? Esta podría ser tu oportunidad de negocio.

¿Las personas te pagarían por recibir soporte técnico? ¿Podrías configurar y actualizar sus teléfonos y computadoras? ¿Qué tal la actualización de las redes sociales o el diseño de sitios web? ¿Se te ocurren otras posibilidades?

UNA APP ÚTIL

Jordan Casey, un estudiante en Irlanda, tuvo una idea cuando su maestra perdió el cuaderno en el que escribía la información de su clase. Jordan creó y vendió una aplicación que permite a los profesores organizar anotaciones en línea.

Tal vez seas un experto en algo. Piensa en cómo podrías poner en práctica tus conocimientos. En 2006, Anne Wojcicki estudiaba Asistencia Sanitaria. Pensaba que las personas podrían mantenerse más sanas si supieran más sobre su composición **genética**.

Decidió iniciar un negocio que ofreciera pruebas genéticas a los clientes. Con dos socios, Linda Avey y Paul Cusenza, Wojcicki fundó 23andMe. Fue la primera empresa en vender kits de pruebas de ADN sencillos y rápidos, que permitían a las personas descubrir qué hay en sus genes.

genética: Que está relacionado con los genes, el material de las células de los padres que se transmite a su descendencia y determina las características físicas.

Si eres un amante de la moda, tal vez conozcas a personas que buscan ayuda para encontrar ropa que favorezca su figura. Piensa en convertir tu sentido de la moda en un negocio que ayude a otros a encontrar su estilo.

Los artistas también pueden ser emprendedores. Mira a Beyoncé. Su talento musical la ayudó a lanzar un negocio multimillonario. Ella vende muchas marcas y productos.

Tal vez puedas hacer algo que haga feliz a los demás. ¿Podrías vender tus creaciones? Quizá seas músico y puedas formar una banda para tocar en bailes escolares o bodas. ¡Haz volar tu imaginación!

ELABORA UN PLAN

Una vez que hayas detectado una necesidad y desarrollado una solución, es hora de investigar. ¿Podrás convertir tu gran idea en un negocio? Analiza la **competencia**. ¿Hay otro negocio u organización que esté haciendo aquello que tienes en mente? ¿En qué se diferencia tu idea? ¿Cómo puedes hacerlo mejor?

Habla con amigos y familiares. ¿Pueden ayudarte? Pide consejo a empresarios experimentados.

competencia: Aquellos que intentan triunfar unos sobre otros en la consecución de un objetivo.

A continuación, escribe tu **plan de negocios**. Comienza por identificar a tus clientes. ¿Quién querrá tu producto? ¿Cómo llegarás a estas personas? ¿Cómo les venderás? Esta es tu estrategia de **márketing**.

Piensa en cómo operarás tu negocio. ¿Cuánto tiempo tomará? ¿Lo harás tú mismo? ¿Contratarás ayudantes? ¿Cuánto les pagarás?

¿Cuánto tiempo quieres que tu negocio funcione? ¿Es sólo una operación de verano o para todo el año? ¿Permanecerás en el negocio hasta que te gradúes?

plan de negocios: Propuesta que establece los objetivos de una empresa y una estrategia para alcanzarlos.

márketing: Promoción y venta de productos o servicios.

Incluye gastos en tu plan. Calcula el costo de fabricar o proporcionar tu producto o servicio. Esto incluye equipos, materiales y trabajadores remunerados. Agrega tus costos de márketing.

¿Cuánto les cobrarás a tus clientes? Calcula tus ingresos esperados. Considera tus costos, los precios que cobra tu competencia y lo que tus clientes pueden pagar.

Tu plan debe mostrar cómo tu empresa cubrirá los gastos. Lo que sobra es tu ganancia. ¿Volverás a invertir tus ganancias en tu negocio? ¿Cuándo esperas obtener ganancias?

DEVOLVIENDO

Algunas empresas hacen planes para donar a buenas causas. Bryan y Bradford Manning son hermanos y fundaron la empresa de ropa Two Blind Brothers. Donan el cien por ciento de sus ganancias para curar la ceguera..

Por último, calcula cuánto dinero necesitas para comenzar. Deberás cubrir los materiales iniciales, crear un sitio web, etc. ¿De dónde obtendrás estos fondos? ¿Usarás tus ahorros? ¿Un familiar te hará un préstamo?

Podrías buscar otras formas de recaudar fondos. Quizá tu escuela tenga recursos para estudiantes con ideas de negocios. Las organizaciones comunitarias a veces financian a emprendedores. Busca concursos o convocatorias que otorguen premios a nuevos negocios.

O considera el **crowdfunding**. El *crowdfunding*, que a menudo se realiza en línea, permite contribuir con dinero a quienes quieran apoyarte para que puedas poner en marcha tu proyecto. Quienes contribuyan pueden esperar un regalo a cambio; por ejemplo, uno de tus productos. Cada plataforma funciona de un modo diferente, así que asegúrate de tener claras las reglas antes de intentarlo.

crowdfunding: La recolección de dinero mediante pequeñas aportaciones de muchas personas, normalmente a través de Internet.

¿Ya tienes tu plan de negocios y los fondos para poner en marcha tu empresa? ¡Vas por buen camino! Recuerda que ser emprendedor es un trabajo duro. Es posible que no tengas éxito de inmediato, pero los emprendedores aprenden de sus fracasos. Con una gran idea y suficiente perseverancia, puedes crear algo maravilloso.

JUEGO DE MEMORIA

Mira las fotos. ¿Qué recuerdas haber leído en las páginas donde aparecía cada imagen?

ÍNDICE ANALÍTICO

Bdeir, Ayah: 8
Beyoncé: 18
Casey, Jordan: 14
gastos: 24
Kids Saving Oceans: 11
Manning, Bradford y Bryan: 24
plan de negocios: 23, 24, 29
23andMe: 17

PREGUNTAS DESPUÉS DE LA LECTURA

1. Menciona algunas ventajas y desventajas de ser emprendedor.
2. Identifica un problema que podrías resolver o una necesidad que podrías satisfacer iniciando un nuevo negocio.
3. ¿Qué talento o habilidad podrías utilizar para iniciar tu propio negocio?
4. ¿Qué información debe incluirse en un plan de negocios?
5. ¿A cuál de los emprendedores mencionados en este libro admiras más? ¿Por qué?

ACTIVIDAD

Escribe un plan de negocios para un negocio a corto plazo que puedas operar durante las vacaciones escolares. Por ejemplo, podrías planear vender algo que hagas u ofrecer algún servicio, como un trabajo de jardinería. Identifica un problema o necesidad y tu solución creativa. En tu plan, incluye lo que venderás u ofrecerás, tus costos, tu plan de márketing y cuánto dinero podrías ganar.

SOBRE LA AUTORA

Christy Mihaly fue abogada hasta que se dedicó a escribir libros. Ha escrito más de treinta libros de no ficción para jóvenes, algunos de ellos dedicados a cómo convertir pasatiempos en negocios. Ella cree en el poder de levantar la mano e invita a los lectores a visitar su sitio web en www.christymihaly.com.

© 2025 Rourke Educational Media

All rights reserved. No part of this book may be reproduced or utilized in any form or by any means, electronic or mechanical including photocopying, recording, or by any information storage and retrieval system without permission in writing from the publisher.

www.rourkebooks.com

PHOTO CREDITS: page 1: ©Viktoriia Hnatiuk/Getty Images, page 4–5: ©THEPALMER/Getty Images, page 6–7: ©Martin Klimek/ZUMAPRESS/Newscom; page 7: ©MediaNews Group/St. Paul Pioneer Press via Getty Images / Contributor; page 8: © (need permission) ; page 8–9: ©AJ_Watt/ Getty Images; page 10–11: © Brandi Image Photography, ©richcarey/ Getty Images; page 12–13: ©SDI Productions/ Getty Images; page 12–13: ©SDI Productions/ Getty Images; page 14–15: ©iammotos/ Getty Images; page 16–17: ©Tim Wagner/ZUMAPRESS/Newscom; page 17: ©David Bro/ZUMA Press/Newscom; page 19: ©Image Press Agency/Sipa USA/Newscom; page 20–21: ©SDI Productions/ Getty Images; page 22–23: ©Michael Blann/ Getty Images; page 24: ©(need permission); page 24–25: ©ljubaphoto/Getty Images; page 26–27: ©Ryan McVay/Getty Images; page 28–29: ©chingyunsong/Getty Images; page 30:©Photography de Adri/Getty Images, ©richcarey/ Getty Images, ©Tim Wagner/ZUMAPRESS/Newscom, Image Press Agency/Sipa USA/Newscom, ©Michael Blann/ Getty Images, ©Ryan McVay/Getty Images

Edición de: Laura Malay
Diseño de los interiores y la portada de: Nick Pearson
Traducción al español: Santiago Ochoa
Edición en español: Base Tres

Library of Congress PCN Data

Sé un emprendedor / Christy Mihaly
 (Levanta la mano)
  ISBN 978-1-73165-839-5 (hard cover)
  ISBN 978-1-73165-838-8(soft cover)
  ISBN 978-1-73165-840-1(e-book)
  ISBN 978-1-73165-841-8 (e-pub)
Library of Congress Control Number: 2024946198
Rourke Educational Media
Printed in the United States of America
01-0342511937